AF371043

LA CORSE

Située à environ 180 kilomètres au Sud-Est des côtes de Provence, la Corse, l'un des plus grands départements français est, sans contredit, la plus belle des îles méditerranéennes.

Terre au relief tourmenté, elle comprend deux parties de formation différente que sépare, de l'embouchure du Regino à celle de la Solenzara, un sillon d'orientation Nord-Ouest-Sud-Est.

La partie Ouest, formée de roches très dures, comprend les plus hauts sommets. A l'arête principale se soudent des chaînons orientés vers l'Ouest, au Nord, vers le Sud-Ouest, au Sud. Ces chaînons encadrent de profondes vallées, communiquant entre elles par des cols, puis plongent dans la mer, enserrant entre leurs promontoires des golfes splendides, mais ouverts aux vents dominants de l'Ouest, et par suite inhospitaliers. C'est la région des cimes aux arêtes finement dentelées, élevant vers les nues leurs aiguilles dénudées aux multiples coloris.

La partie Est, où les chaînes sont orientées Nord-Sud, doit aux roches plus tendres qui la composent ses formes arrondies et ses hauteurs moindres. Elle s'abaisse graduellement vers une côte plate et presque rectiligne.

La Corse ne possède pas de fleuves proprement dits, mais des torrents impétueux, au cours capricieux, qui cascadent et creusent dans le roc des défilés et des gorges sauvages, puis musent au voisinage de la mer, créant ainsi des plaines alluviales, très fertiles mais insalubres, surtout sur la côte Est de l'île.

Sa situation, son haut relief ont doté la Corse de climats très différents.

Au climat de ses côtes, tempéré l'hiver mais chaud et débilitant l'été, succède aux altitudes moyennes un climat très sain, puis au delà de 1.800 mètres un climat très froid avec huit mois d'hiver.

Riche en sources, soumise à des climats différents, la Corse possède une flore abondante et très variée.

Les cultures de céréales, de fruits et de légumes, les vignobles, la végétation luxuriante, de caractère africain, des plaines et des premiers contreforts, font place rapidement aux olivettes et aux châtaigneraies. Plus haut les magnifiques forêts de hêtres, chênes et pins, ondoient aux flancs des montagnes. Le maquis, roi de l'île, composé d'arbres nains, d'arbousiers et de plantes odoriférantes, s'est emparé des terrains les plus pauvres. Sa présence bienfaisante assure à la Corse des sources toujours abondantes et lui évite l'action désagrégeante de la chaleur, ainsi que l'entraînement des terres par les pluies d'orage.

Cet ensemble de particularités géographiques donnent à l'île sa physionomie originale.

Son réseau routier, très développé, est bien souvent en mauvais état. Tantôt les routes longent en corniche la mer ou des précipices, tantôt elles serpentent au fond des vallées, franchissent les cols les plus élevés, permettant au touriste de visiter le pays dans ses moindres recoins.

Partout la Corse lui prodigue, avec une richesse de couleurs sans pareille, des panoramas étendus, des sites variés à l'infini, tour à tour grandioses ou sauvages, et ainsi, elle justifie pleinement son surnom : l'Ile de Beauté.

Quelques conseils aux touristes.

Époque préférable pour visiter la Corse. — Les deux mois les plus favorables pour excursionner en Corse sont mai et juin. Pourtant, quelques cols restant couverts de neige jusqu'au début de mai (notamment les cols de Vergio et de Verde), il est préférable de ne pas commencer l'excursion avant le 15 mai ; toutes les bruyères sont alors en fleur et le pays est admirable.

Routes. — Il y a en Corse deux sortes de routes. Si les routes nationales et les routes forestières sont ordinairement assez bonnes, les départementales, les chemins de grande communication et d'intérêt commun ainsi que les chemins vicinaux sont souvent en mauvais état.

Les routes, généralement un peu étroites, ont des courbes à très faible rayon ; les déclivités atteignent jusqu'à 16 %, et ce pourcentage rend les descentes très dangereuses.

Il est donc indispensable de se servir d'une voiture forte, de veiller aux freins qui devront toujours être en bon état et d'user de la plus grande prudence dans les descentes. On ne peut guère faire plus de 20 à 25 kilomètres de moyenne à l'heure.

Essence. — Les dépôts d'essence sont relativement peu nombreux. Il est prudent de se munir dans les grands centres de la quantité d'essence nécessaire au trajet que l'on veut effectuer.

Ajaccio, Bastia, Bonifacio, Calacuccia, Corte, l'Ile Rousse, Porto-Vecchio, Propriano, Sartène offrent des ressources en essence.

Fournitures et réparations. — Actuellement la panne grave n'est plus à redouter en Corse. L'île est aussi bien outillée que le continent en ce qui concerne la fourniture ou la réparation ; des Compagnies d'autobus assurent journellement des services de voyageurs.

Les stockistes Michelin sont approvisionnés de toutes les fournitures et pièces désirables.

Hôtels. — Les hôtels sont bons dans les localités suivantes : Ajaccio, Bastia, Bonifacio, Calacuccia, Calvi, Corte, l'Ile Rousse, Piana, Piedicroce d'Orezza, Sartène, Vizzavone.

Evisa et Zonza possèdent chacune un hôtel modeste. Zonza doit être dotée prochainement d'un hôtel moderne.

Nous conseillons vivement aux touristes de combiner leurs excursions de façon à passer la nuit dans l'une des localités ci-dessus. Nous conseillons également de télégraphier, dès le matin, pour le déjeuner, et à midi, pour le dîner et les chambres.

Vêtements. — Avoir des vêtements chauds, car on passe rapidement du niveau de la mer à 1.200 mètres d'altitude.

Population. — Les Corses sont hospitaliers, serviables et polis. Ils circulent à cheval ou à mulet ; l'automobiliste devra, dans le cas de rencontre, ralentir afin de permettre au cavalier de descendre de monture, les animaux étant, dans certaines régions, encore insuffisamment habitués aux automobiles.

On rencontre fréquemment des troupeaux en pacage, qui encombrent la route ; les chiens sont fort nombreux et gênants.

SIGNES CONVENTIONNELS
ET ABRÉVIATIONS

RENSEIGNEMENTS GÉNÉRAUX

(P)	Préfecture.	
(SP)	Sous-Préfecture.	
(C)	Chef-lieu de canton.	
(Alt.)	Altitude.	
★	Curiosités très intéressantes.	
1.350 h.	Population totale de la commune.	
950 agg.	Population agglomérée du chef-lieu de la commune.	

N.
S.
E.
O. { Position géographique des curiosités par rapport à la ville. } au Nord. au Sud. à l'Est. à l'Ouest.

Voir : Curiosités à voir dans la ville.

Env. : Curiosités à voir aux environs immédiats de la ville.

Exc. : Excursions à faire dans la région.

[24 km. 5]. — Distance en kilomètres depuis le début de l'itinéraire.

Lorsqu'une ville ne possède pas de chemin de fer, de poste ou de télégraphe, les signes ci-dessous sont employés pour indiquer la localité la plus proche où l'on trouve ces ressources.

Corte 12. Station de chemin de fer à Corte, à 12 km.

⊠ Vico 14. Poste et Télégraphe à Vico, à 14 km.

Les villes ne possédant pas le téléphone sont suivies de la mention « pas de ☎ ».

PLANS

Les plans et schémas sont généralement orientés, sinon une flèche indique le Nord.

✚	Cathédrale ou Église.	C	Caserne.
⊡	Hôpital.	G	Gendarmerie.
⊚	Hôtel.	H	Hôtel de Ville.
⊛	Mécanicien.	J	Palais de Justice.
⑪	Numéro de sortie de ville (répété dans le texte des itinéraires).	M	Musée.
		O	Octroi.
✉	Bureau principal des Poste, Télégraphe, Téléphone, **Poste Restante.**	P	Préfecture ou Sous-Préfecture.
		T	Théâtre.

Les lettres autres que celles ci-dessus sont indiquées sur les plans en commençant par le Nord et en allant de l'Ouest à l'Est.

ITINÉRAIRES

N 199	Route nationale n° 199.	**F 6**	Route forestière n° 6.
D 4	Route départementale n° 4.	**IC 14**	Chemin d'intérêt commun n° 14.

CONSTRUCTEURS ET AGENTS

(AIR)	Dépôt de bouteilles d'air Michelin pour le gonflage des pneus.
⊟	Mécanicien réparateur.
CITROEN, RENAULT, etc.	Nom des constructeurs dont le mécanicien est agent.
3	Garage et nombre de voitures qu'il peut contenir.
☎ 1.04	Téléphone et numéro.

LA CORSE

Située à environ 180 kilomètres au Sud-Est des côtes de Provence, la Corse, l'un des plus grands départements français est, sans contredit, la plus belle des îles méditerranéennes.

Terre au relief tourmenté, elle comprend deux parties de formation différente que sépare, de l'embouchure du Regino à celle de la Solenzara, un sillon d'orientation Nord-Ouest-Sud-Est.

La partie Ouest, formée de roches très dures, comprend les plus hauts sommets. A l'arête principale se soudent des chaînons orientés vers l'Ouest, au Nord, vers le Sud-Ouest, au Sud. Ces chaînons encadrent de profondes vallées, communiquant entre elles par des cols, puis plongent dans la mer, enserrant entre leurs promontoires des golfes splendides, mais ouverts aux vents dominants de l'Ouest, et par suite inhospitaliers. C'est la région des cimes aux arêtes finement dentelées, élevant vers les nues leurs aiguilles dénudées aux multiples coloris.

La partie Est, où les chaînes sont orientées Nord-Sud, doit aux roches plus tendres qui la composent ses formes arrondies et ses hauteurs moindres. Elle s'abaisse graduellement vers une côte plate et presque rectiligne.

La Corse ne possède pas de fleuves proprement dits, mais des torrents impétueux, au cours capricieux, qui cascadent et creusent dans le roc des défilés et des gorges sauvages, puis musent au voisinage de la mer, créant ainsi des plaines alluviales, très fertiles mais insalubres, surtout sur la côte Est de l'île.

Sa situation, son haut relief ont doté la Corse de climats très différents.

Au climat de ses côtes, tempéré l'hiver mais chaud et débilitant l'été, succède aux altitudes moyennes un climat très sain, puis au delà de 1.800 mètres un climat très froid avec huit mois d'hiver.

Riche en sources, soumise à des climats différents, la Corse possède une flore abondante et très variée.

Les cultures de céréales, de fruits et de légumes, les vignobles, la végétation luxuriante, de caractère africain, des plaines et des premiers contreforts, font place rapidement aux olivettes et aux châtaigneraies. Plus haut les magnifiques forêts de hêtres, chênes et pins, ondoient aux flancs des montagnes. Le maquis, roi de l'île, composé d'arbres nains, d'arbousiers et de plantes odoriférantes, s'est emparé des terrains les plus pauvres. Sa présence bienfaisante assure à la Corse des sources toujours abondantes et lui évite l'action désagrégeante de la chaleur, ainsi que l'entraînement des terres par les pluies d'orage.

Cet ensemble de particularités géographiques donnent à l'île sa physionomie originale.

Son réseau routier, très développé, est bien souvent en mauvais état. Tantôt les routes longent en corniche la mer ou des précipices, tantôt elles serpentent au fond des vallées, franchissent les cols les plus élevés, permettant au touriste de visiter le pays dans ses moindres recoins.

Partout la Corse lui prodigue, avec une richesse de couleurs sans pareille, des panoramas étendus, des sites variés à l'infini, tour à tour grandioses ou sauvages, et ainsi, elle justifie pleinement son surnom : l'Ile de Beauté.

AJACCIO (P) (Alt. 18 m.), 23.392 h. = *Taxe séj. 0 fr. 35 à 1 fr. 75.* =
Circulation : *difficile les 11, 12 et 13 mai (foires).* = **Voir :** Hôtel de Ville
(musée napoléonien) (H) ; Place du Diamant (vue ★) (1) ; Maison de Napoléon
(A) ; Palais Fesch (musée : *jeudi et dimanche après-midi*, Chapelle Impériale
XIXᵉ) (M) ; Cathédrale XVIᵉ. = **Exc. :** O.: Grotte Napoléon, *10 min. à pied* ;
Mont et fontaine du Salario (311 m.), 4 (par la route du Salario, vue ★). —
S.O. : La Grande Sanguinaire (*voir itinéraire nᵒ 23*). — N.O. : Mont Pozzo
di Borgo (780 m.), 12, et Château de la Punta ★, vue. = **Spécialités :** pâtés
de merles (*déc. à mars*) ; liqueur de myrtes, cédrats confits.
Syndicat d'Initiative d'Ajaccio, *2, cours Grandval.*

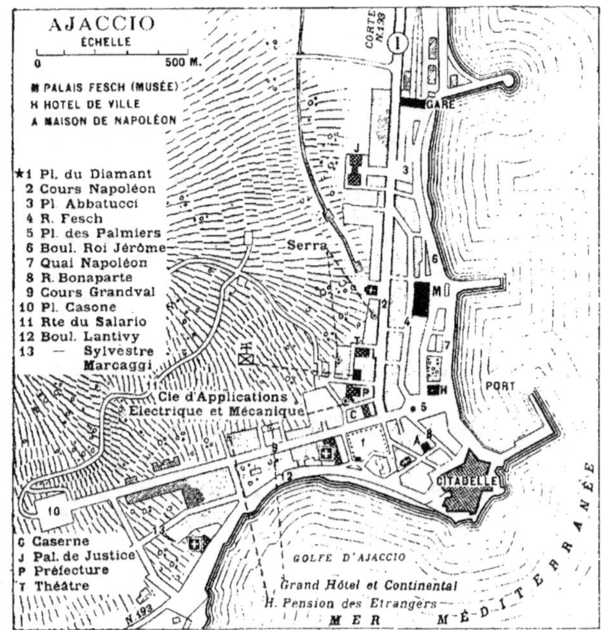

🏨 Grand Hôtel et Continental, *22, cours Grandval* (100 ch) cc ℧
100 ⚡ 20 🍽 (wc) Gar int 🔟 ⛟ Continental ☎ 16.

🏨 Solférino, *8, cours Napoléon* (28 ch) cc ℧ 28 ⚡ 🍽 (wc) ☎ 52.

🏨 Pension des Etrangers, **r.** *Rossi (21, cours Grandval),* (28 ch) ℧
8 ⚡, 2 🍽 Rem att 🖐 ☎ 1.26.

STOCK MICHELIN L. Serra, *19, cours Napoléon.* 🖐 Box 🖐 ☎ 20.
STOCK MICHELIN Cᶦᵉ d'Applications Electriques et Mécaniques,
8, r. Général-Fiorella. 20 ☎ 1.79.
🚲 Filippi A., *14, cours Grandval.* 🖐 ☎ 27.
— L. Langlois, *6, r. Capitaine-Livrelli.* Fᴏʀᴅ. 🖐 Box 🖐.
— E. Colombo, *16, cours Grandval.* Cɪᴛʀᴏᴇɴ. 12 ☎ 1.24.
— M. Plaisant, *18, cours Grandval.* 15 ☎ 1.04.
— Moyet J., Garage Roi Jérome, *23, boul. Sampiero.* 15.
— Frassati, *29 bis, boul. Sampiero.* 🖐.
— Bouttaud, *10, r. Mt-Ornano.* Pᴇᴜɢᴇᴏᴛ. 🖐 ☎ 1.02.
— L. Ferraci et J. B. Santoli, *55 bis, cours Napoléon.* 15.

Itinéraire 1.

AJACCIO - SARTÈNE, par la route directe . . . . **85 km.**

1 A — par Bastelica . . . . **126 km. 5.**

(1) du plan d'Ajaccio ci-dessus.

N 193 puis N 196 qui, en s'éloignant de la côte, traverse la région du
Campo dell' Oro fertilisée par les deux bras de la Gravone. Plaine insalubre l'été.

Kilomètre 9, Bifur : en avant N 196, route directe ; **à gauche, IC 3**
par Bastelica, itinéraire décrit dans le tableau A ci-après.

Prendre l'IC 3 qui, d'Ocana au col de Menta, domine de très haut les gorges du Prunelli. Ce parcours est un des plus pittoresques et impressionnants de la Corse.

Col de Menta : on aperçoit Bastelica que dominent au Nord les crêtes du mont Renoso.

Bastelica [42 km. 5] (C) (Alt. 770 m.), 3.925 h. Stat. est. — Ajaccio 42,5. ⚌ **Voir** : Rochers du Minerbia ; Cascade du Londa.

🏨 de France.

Constituée par un groupe de hameaux pittoresques, Bastelica est bâtie sur les deux rives du Prunelli. C'est là que naquit Sampiero Corso, l'une des gloires nationales de la Corse. Condottière au service de François Ier et de Henri II, il lutta toute sa vie contre les Génois, qui, ne pouvant le vaincre, le firent assassiner.

Prendre la F1 qui, après le col de Menta, traverse une superbe forêt de pins.

Col de St-Alberto : vue à gauche sur une très belle cascade formée par un torrent descendant de la Pta dell' Usciolo. On traverse ensuite une jolie campagne puis un épais maquis.

Cauro [62 km.]. Lieu de villégiature estivale des habitants d'Ajaccio (Alt. 353 m.), 1.002 h. — 🚗 Ajaccio 20,5.

Dans l'église a été inhumée la tête de Sampiero Corso après avoir été exposée, par ordre du commissaire génois Fornari sur les remparts de la citadelle d'Ajaccio.

Col de la Seghia : vue splendide sur les Iles Sanguinaires, le golfe d'Ajaccio, la ville et les hauteurs qui la dominent. A l'embouchure du Prunelli se dresse la tour de Capitello qui rappelle la démonstration navale faite, sur l'instigation de Bonaparte, par une flottille française, lors de l'insurrection des Corses contre la Convention en 1793.

La route longeant le Mutoleggio traverse des vignobles et des maquis. **On laisse à gauche l'IC 29** qui mène à la commune d'Eccica Suarella, renommée pour ses vins et célèbre dans l'histoire corse par l'assassinat du patriote Sampiero Corso, en 1567.

Cauro [20 km. 5], lieu de villégiature d'été des habitants d'Ajaccio (Alt. 360 m.), 1.002 h. — 🚗 Ajaccio 20,5.

Col de San Giorgio : vue s'étendant, à l'E., sur la vallée du Taravo, à l'O. et au S.O., sur les golfes d'Ajaccio et de Valinco.

Petreto Bicchisano [49 km.] (C) (Alt. 412 m.), 1.607 h. — 🚗 Ajaccio 49.

🏨 de France ou Scaglia, cour att. 5.

Col de Celaccia très beau panorama : en avant, le golfe de Valinco et la Sardaigne ; en arrière, la haute vallée du Taravo jusqu'au col de Verde.

Olmeto [63 km.] (C) (Alt. 360 m.), 1.916 h. — 🚗 Ajaccio 63.

🏨 d'Europe, *sur le cours*. Abri att. 1.

On passe devant la maison de « Colomba », l'héroïne du roman de Prosper Mérimée. Descente vers le golfe de Valinco que la route contourne, **laissant à gauche** la route de la stat. therm. de **Baraci** (hôtel).

Propriano [72 km. 5] port important, 1.959 h. — 🚗 Ajaccio 72,5.

🏨 de France (15 ch) 2 ⤳ (wc) Gar 5 ☎ 13.

STOCK MICHELIN **F. Ollandini**. 6 ☎ 13.

🔧 J. Casabianca, *cours de la Marine*. 6.

🔧 Mᵐᵉ veuve Peretti et fils, *cours de la Marine*. 8 ☎ 10.

Pont de Rena Bianca. Peu après, deux menhirs légendaires : « Il Frate » et « La Suora ». La route traverse les vignobles de la vallée du Rizzanèse. En arrivant à Sartène la vue s'étend au N.E. jusqu'aux crêtes du massif de l'Incudine et au col de Bavella.

Sartène [85 km.] (SP) (Alt. 302 m.), 6.445 h. — 🚗 Ajaccio 85. ⚌ **Voir** : la vieille ville qui a conservé un aspect moyenâgeux, rues dallées, anciennes maisons. ⚌ **Exc.** : S.O. : Tizzano, 17 km., plage et fort génois communiquant avec la mer par un souterrain.

🏨 de Provence, *cours Ste-Anne* (16 ch) ⚐ (wc) Gar 10 ⤳ Marcangeli ☎ 3.

🏨 César et de l'Univers, *cours Ste-Anne* (10 ch) (wc) ☎ 2.

🔧 Farinelli. 6.

Itinéraire 2.

SARTÈNE - BONIFACIO .... **54 km.**

A la sortie de Sartène et à droite, couvent de San Damiano.

Bocca Albitrina : vue sur les golfes de Tizzano et de Valinco. Descente dans la vallée sauvage de l'Ortolo. Après avoir franchi la rivière, la route traverse des maquis que domine l'Uomo di Cagna.

Col de Coralli : vue sur le golfe de Valinco et la Sardaigne. Sur le plateau se dresse le Lion de Roccapina (rocher ayant la forme d'un lion couché).

Col d'Arbia : le promontoire de Bonifacio apparaît. A droite se détache un sentier conduisant à l'Ermitage de la Trinité, lieu de pèlerinage.

① **du plan** ci-dessous.

BONIFACIO [54 km.] (C) (Alt. 64 m.), 2.688 h. — Ajaccio 134 ou Ghisonaccia 89. = **Voir :** Vieilles maisons (r *Doria*) (7) ; Église Ste-Marie-Majeure (A) ; Église St-François, XIVᵉ s. (tombeaux) ; Citadelle contenant l'église St-Dominique XIIIᵉ s. (intérieur ★) (B) ; Escalier du Roi d'Aragon (D). = **Exc. :** Les grottes marines du « Sdragoneto » et du « Bain de Vénus », en barque ; — S. : Sémaphore du Monte Pertusato ; — N.E. : Ancien couvent de St-Julien et golfe de Santa Manza, 6, par le VO 5 ; — N.O. : Ermitage de la Trinité (vue) 6.

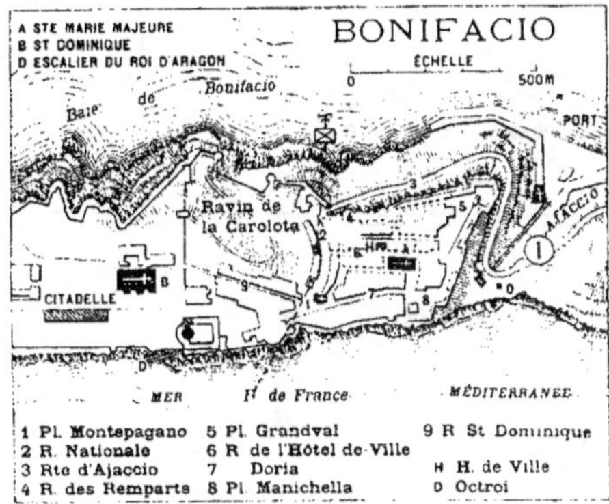

🏨 des Étrangers, *route de Sartène*, (10 ch) (wc) Gar 6 ☎ Bohn ☏ 12.
🏨 de France, *route Nationale*.
⛽ Clément-Chevassu. 10 ☏ 10.

Itinéraire 3.

BONIFACIO - ZONZA par la route directe .... **67 km.**

3 A. — avec excursion à Solenzara .... **147 km.**

① **du plan de Bonifacio, N 196** qui longe une côte malsaine en été.

Porto-Vecchio [27 km.] (C), 4.743 h., 2.009 aggr. — Ghisonaccia 62. = **Voir :** Anciennes fortifications (vue ★). = **Exc. :** S.E. : Pta al Cerchio (325 m.), vue (*1 h. 30 à pied*).

🏨 Nouvel Hôtel et de France.

⛽ G. Mela. CITROEN. 8.
— Les Fils de Jean Culioli. 6 ☏ 6.

Peu après commence la traversée de la magnifique forêt de l'Ospedale formée de chênes-lièges, de chênes verts puis de pins. Ce parcours offre en outre de très belles vues sur Porto-Vecchio et son golfe, les iles Cerbicales, puis, à mesure que l'on s'élève, vers le Sud de l'île, le détroit de Bonifacio et la Sardaigne. Le panorama offre son maximum d'intérêt à la sortie du village de l'Ospedale.

Col d'Ilarata, panorama s'étendant : à l'O., sur la vallée du Rizzanèse et le golfe de Valinco ; à l'E., sur la mer de Toscane ; au S., jusqu'aux côtes de Sardaigne.

Zonza [67 km.] (Alt. 787 m.), 1.670 h., 736 agg. — 🚂 Ajaccio 89 ou Ghisonaccia 60. = Zonza est le point de départ d'une très belle, mais très dure excursion à Solenzara, qu'il ne faut pas manquer de faire en la limitant au besoin au col de Larone (*voir tableau A ci-après*).

⚓ du Tourisme.

Un hôtel moderne est en construction (se renseigner).

<table>
<tr><td>

A

</td></tr>
</table>

EXCURSION A SOLENZARA.

Au retour de Solenzara, la longue montée au col de Bavella demande une voiture bonne grimpeuse ; c'est la côte la plus dure de la Corse après celle du col de Sevi.

Parcours en corniche au-dessus de ravins à pic et à travers une forêt de pins laricios.

Col de Bavella : vue remarquable : au premier plan se détachent les crêtes rouges des cornes de l'Asinao et des aiguilles de Bavella ; au delà de la forêt s'étend la mer.

Col de Larone : beau panorama.

Solenzara [107 km.] (*comm. de Sari-di-Porto-Vecchio*). — 🚂 Ghisonaccia 22.

⚓ des Messageries (6 ch) Rem int ⑤ ⚓ 1.

Le petit port de Solenzara est protégé, par une forêt d'eucalyptus, des miasmes provenant de la plaine d'Aleria (immense étendue marécageuse longeant la côte vers le Nord).

Revenir à Zonza par la même route.

Itinéraire 4.

ZONZA - CORTE .... **148 km.**

Zonza, F 4, vers

San Gavino di Carbini : vue en arrière sur les cornes de l'Asinao et les aiguilles de Bavella.

Levie [9 km. 5] (C) (Alt. 682 m.), 3.452 h. — 🚂 Ajaccio 99,5 ou Ghisonaccia 69,5. = Église contenant un Christ en ivoire de Donatello. Au S.E. se trouve le village de Carbini où se fonda en 1365 une secte de communistes qui furent massacrés ; intéressante église du XIᵉ s.

⚓ Lucchinacci.

500 mètres avant Santa-Lucia-di-Tallano on contourne, à gauche, un mamelon boisé dominé par le couvent de St-François, dont l'église contient des tableaux attribués au Giotto et un maître-autel remarquable.

Santa-Lucia-di-Tallano [18 km.] (C) (Alt. 450 m.), 1.940 h. — 🚂 Ajaccio 93 ou Ghisonaccia 78. = **Voir :** Église XIVᵉ s. ; Roche « diorite orbiculaire » *30 min. à pied*. Le groupe de hameaux de Santa-Lucia, étagé sur les collines qui dominent le Fiumicicoli, est réputé pour son vin. A 4 km. au Sud se trouve la Source de Caldane, eaux thermales sulfureuses.

⚓ Ste-Lucie, (wc) Abri 100 m ⚓.

Prendre à droite l'IC 20.

Zoza : belle vue sur la vallée de Zonza. La route s'engage ensuite dans les châtaigneraies de Sorbollano et de Serra-di-Scopamene.

Serra-di-Scopamene [36 km. 5] (C) (Alt. 855 m.), 1.124 h. — 🚂 Ajaccio 74,5. = ⚓ Susini.

Au S., on aperçoit Sartène.

Aullène [42 km.], jolie fontaine. **Prendre à droite la N 194** qui monte en pente douce à travers la région de maquis et de pâturages de la « Piève » montagneuse de Scopamene.

Fozzaninco : la maison cantonnière est le point de départ de l'excursion au «Rocher vacillant». *30 min. à pied.* On a, sur ce rocher, l'impression de se trouver dans une embarcation en mer.

Col de la Vaccia : vue au N. sur la haute vallée du Taravo.

Traversée d'une forêt de hêtres magnifiques. Nombreuses cascades.

Zicavo [68 km.] (C) (Alt. 727 m.), 1.568 h. — Ajaccio 62.

⚘ de la Poste.

Point de départ de nombreuses excursions, notamment de la belle ascension de l'Incudine (Alt. 2.136 m.).

Après cette localité, montée en pente douce à travers des forêts de chênes verts et de pins laricios géants.

Col de Verde : beau panorama, au N. se dressent les aiguilles du Kyrie Eleïson et du Christe Eleïson.

Ghisoni [107 km.] (C) (Alt. 665 m.), 1.585 h. — Vivario 19. = Beau coup d'œil sur les escarpements qui dominent le village. De leur sommet, au lever du soleil, panorama superbe.

Col de Sorba : panorama très étendu.

Vivario [126 km.] (Alt. 622 m.), 1.024 h. Stat. est. = **Voir :** Curieuse fontaine surmontée d'une Diane chasseresse ; Église (vue ★).

⚘ des Voyageurs (wc) Rem att 2.

Vecchio, pont en pierre d'une seule arche sur la rivière ; au-dessus, à près de 100 m. de hauteur, la voie ferrée passe sur un viaduc.

Venaco [135 km. 5] (C) (Alt. 565 m.), 1.555 h. = Carrières de marbre gris.

⚘ Rognoni (wc) Cour.

Col de Bellegranajo : vue superbe.

Santo-Pietro-di-Venaco, sur la gauche. Stat. est., carrière de porphyre.

On contourne le château moderne de Pozzo-di-Borgo qui domine le bassin du Vecchio.

Ⅲ **du plan** ci-dessous.

CORTE [148 km.] (SP) (Alt. 396 m.), 5.267 h. = **Voir :** Statue de Paoli (A), célèbre patriote corse; Maison Gaffori (B), dans laquelle Mᵐᵉ Gaffori, assiégée par les Génois, les tint en échec; le Palais National corse, ancienne résidence du chef de l'Indépendance Paoli; la Citadelle (demander autorisation au Commandant d'Armes de la Place, vue ★). = **Exc. :** O. : Gorges du Tavignano (*aller et retour, 4 heures à pied*).

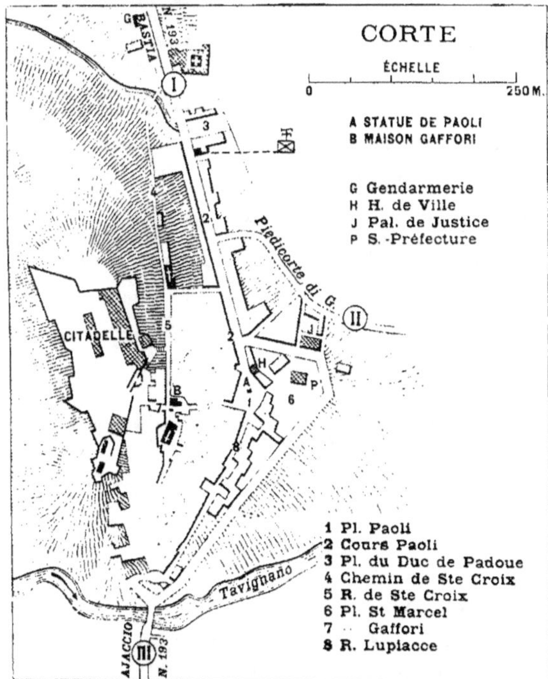

Corte *(suite).*

 ⌂ du Parc, *cours Paoli,* (28 ch) ⚏ ☺ 28 ⚏ 3 ⚏ (wc) Rem ⚏ ⚏ Parkhôtel ☏ 15.

 ⚏ Paoli, *cours Paoli,* (16 ch) ☺ Abri ⚏.

 ⚏ du Nord et d'Europe, (20 ch) ☺ (wc) Gar ⚏ ⚏ ☏ 6.

 ⊟ A. Zucco, *17. boul. Paoli.* ⚏.

 — Valentini frères, *18, boul. Paoli.* Citroen, 25 ☏ 18.

 — C. Petit. 6.

Itinéraire 5.

CORTE-CALACUCCIA, par la route directe.......... **36 km.**

5 A. — avec excursion à Asco............................ **89 km.**

 ⚏ **du plan de Corte p. 9 (route de Bastia)** ; vue en arrière sur le Monte Rotondo.

 Caporalino : à droite, une route mène à **Omessa** (C) (Alt. 400 m.), 787 h. — ⚏ Francardo 5. ☰ **Voir :** Église (tableaux remarquables).

 Kilomètre 15,5 bifur. : à gauche F. 9, route directe ; **en avant, N 193** vers Ponte Leccia et Asco, itinéraire décrit dans le tableau A :

<table>
<tr><td>

A

</td></tr>
<tr><td>

Excursion a Asco.

Continuer dans N 193 et laisser à droite l'IC 39 vers **San Lorenzo** (C) (Alt. 700 m.), 518 h., 169 agg. — ⚏ Ponte Leccia 20. — ⚏ Filippi.

 Ponte Leccia [24 km.] *(comm. de Morosaglia)* (Alt. 195 m.), ⚏ Omessa 12. Pas de ☏.

 ⚏ des Voyageurs, cour att. ⚏.

 Région insalubre l'été. **Suivre la N 197 pendant 2 km. et prendre à gauche l'IC 47 jusqu'au chemin d'Asco,** très pittoresque dans les gorges sauvages de l'Asco. La viabilité du chemin d'Asco cesse 2 km. 5 avant la localité. 1 heure de marche est nécessaire pour gagner

 Asco [42 km.] (Alt. 620 m.), 636 h. — ⚏ Ponte Leccia 25. — Pas de ☏.

 ⚏ des Touristes.

 Dernièrement encore, isolée du reste de l'île, cette commune a conservé, plus que tout autre, son caractère local. **Revenir à Francardo et, 1 km. après cette localité, prendre à droite la F 9.**

</td></tr>
</table>

 Prendre à droite la F 9, vers

 Ponte Castirla ou Pont du Diable. La route s'engage dans le défilé de la Scala di Santa Regina. Dans ce défilé était autrefois tracé l'unique chemin du Niolo, qui montait par des marches taillées dans le roc, d'où le nom de Scala.

Calacuccia [36 km.] (C) (Alt. 847 m.), 1.017 h. — ⚏ Francardo 22.

 ⚏ de France (16 ch) 16 ⚏ (wc) Gar ⚏ ⚏ ☏ 2.

 ⚏ des Touristes (10 ch) Rem 2.

 ⊟ Acquaviva-Cousins. 4.

 Centre d'excursions à pied ou à mulet et point de départ pour l'ascension du Mont Cinto (2.710 m.), sommet le plus élevé de la Corse.

Itinéraire 6.

CALACUCCIA-EVISA................................. **36 km. 5.**

Calacuccia. Traversée du plateau dénudé du « Niolo » ou « Pays Noir » ; les hommes sont presque tous des bergers nomades.

Col de Vergio [24 km.], col le plus élevé de la Corse (alt. 1.464 m.),
très belle vue : à l'O., sur la vallée du Porto et, au delà de la forêt
d'Aïtone, sur la mer ; à l'E., sur la forêt de Valdo Niello et la région
du Niolo ; au N., se dresse la cime du Capo Tafonato traversée par
une grotte de 150 m. de diamètre.

La route traverse ensuite un pays sauvage, puis des bois de magnifiques
pins laricios. Avant l'arrivée à Evisa, se détachent à droite, d'abord un
sentier menant au Belvédère, terrasse rocheuse surplombant une gorge
profonde, puis un chemin forestier conduisant au joli site de la cascade
et du moulin d'Aïtone.

Evisa [36 km. 5] (C) (Alt. 830 m.), 850 h. Stat. est. et centre d'excursions.
— 🚆 Francardo 58 ou Ajaccio 71,5.

🏨 de la Spelunca, (10 ch) Ⅽ 1 ⊟ (wc) Rem 5 ⊤ Spelunca 🖙 1.

🚌 Gigli.

Itinéraire 7.

EVISA - AJACCIO .... 103 km.

Itinéraire permettant la traversée des « Calanche » qui doivent être vues, soit
vers onze heures, soit au coucher du soleil, heures auxquelles elles sont magnifiques.

A la sortie d'Evisa, très beaux coups d'œil sur l'impressionnante gorge au
fond de laquelle coule le Porto.

Col de Capicciolo : on découvre la Spelunca (on peut se rendre aux
ponts jetés au-dessus du gouffre en prenant le premier chemin à droite). La
route est dominée par la masse rose et rouge du Capo d'Ota, puis par les
falaises grises du Capo d'Orto. Elle domine ensuite, en corniche, le golfe
de Porto (le plus beau de l'île) avant de s'engager dans les « Calanche »
(dédale d'escarpements et de rochers étrangement découpés, longueur
1.800 mètres); belles échappées sur la mer.

Piana [31 km. 5] (C) (Alt. 435 m.), 1.123 h. Centre d'excursions. — 🚆 Ajaccio 71.

🏨 des Roches Rouges (65 ch) ℀ Ⅽ 1 ⊟ (wc) Gar.

🏨 des Calanche et des Touristes, r. du Pont, ℀ (wc) Abri att.

Col de Lava : très belle vue sur le golfe de Porto et les « Calanche »; par
temps clair on peut apercevoir les sommets des Alpes-Maritimes.

Cargèse [51 km.] (Alt. 82 m.), 843 h. — 🚆 Ajaccio 51,5.

🚌 Cyrnos, Rem att 2.

Située sur un promontoire, Cargèse fut fondée par une colonie grecque et a
conservé une partie de son caractère hellénique (église grecque).

Sagone [64 km. 5] (comm. de Vico). — 🚆 Ajaccio 38. — ☒ Vico 14. — Pas
de 🖙.

🚌 des Messageries.

Hameau bâti sur une côte malsaine, dont les maisons sont les vestiges d'une
importante ville du IVe s. Statue ancienne.

Col de Listincone (A gauche un VO conduit à Appietto, curieux
village, beau panorama).

Col de Pruno; peu après, à droite se détache, bordée d'eucalyptus,
une route qui conduit, par plusieurs virages difficiles à prendre, au château
de la Punta, construit en partie avec des matériaux provenant des Tuileries
(bel ameublement ; de la terrasse, vue).

La route passe sous l'imposant aqueduc du Moulin-Blanc.

1 **du plan,** page 5.

AJACCIO [103 km.].

Itinéraire 8.

(I **du plan d'Ajaccio**, page 5.

N 193 puis N 196, qui, en s'éloignant de la côte, traverse le Campo dell'
Oro fertilisé par les deux bras de la Gravone. Plaine insalubre l'été.

Col de la Seghia : vue splendide sur le golfe d'Ajaccio. A l'embouchure du Prunelli se dresse la tour de Capitello qui rappelle la démonstration
navale faite sur l'instigation de Bonaparte, par une flottille française, lors
de l'insurrection des Corses contre la Convention en 1793.

Pisciatello [11 km. 5], **prendre la D 8** à travers d'épais maquis.

Col de Bellevalle : belle vue sur le golfe d'Ajaccio, la ville et les îles
Sanguinaires. Au delà de Bisinao, **prendre l'IC 55.**

Marato [28 km. 5], belle vue : à l'E., sur la vallée du Taravo ; au S., le
golfe de Valinco ; à l'O., sur le golfe d'Ajaccio.

Col de Ciradella : joli panorama.

Col de Cortone : belle vue sur le golfe d'Ajaccio, la ville et les îles Sanguinaires. Descente superbe mais demandant de la prudence.

Ancien pénitencier de Chiavari [47 km. 5], nombreux points de vue.
Suivre la côte.

Pointe de Sette Nave, récifs dominés par la tour dell' Isolella. **Rejoindre l'itinéraire de l'aller à Pisciatello.**

(I) **du plan**, page 5.

AJACCIO [80 km.].

Itinéraire 9.

(I **du plan d'Ajaccio**, page 5.

Moulin Blanc (3 km. 5 d'Ajaccio), dominé par un imposant aqueduc.

A gauche se détache, bordée d'eucalyptus, une route qui conduit, par
plusieurs virages difficiles à prendre, au château de la Punta, construit en
partie avec des matériaux provenant des Tuileries (bel ameublement ; de la
terrasse, vue).

Col de Carbiniccia : on aperçoit le golfe et la ville de Sagone.

Col de Listincone : à droite un VO très sinueux conduit au curieux
village d'Appietto (panorama superbe).

Calcatoggio [23 km. 5], **prendre à droite l'IC 1** à travers la riante
contrée de la « Cinarca ».

Sari d'Orcino [37 km.], vue sur le golfe de Sagone.

Couvent de St-François, magnifique terrasse ; dans la chapelle, tableaux.

Vico [69 km.] (C) (Alt. 400 m.), 1.548 h. — ⊞ Ajaccio 51.

⚲ des Gourmets, Rem att ⒊.

De Vico, situé à l'entrée d'une profonde vallée dominée par la Sposata, on peut
se rendre à **Guagno-les-Bains** (Alt. 480 m.), stat. baln. et est. — ⊞
Ajaccio 62,5. — ⊠ ⊤ Soccia 6,5. ⚌ **Exc. :** N.E. : curieux village d'Orto,
accroché aux flancs du Mont S. Elisco, 6 km.

⚲ Continental, Rem 30 m. ⒋.

La montée au col de Sevi est très dure (jusqu'à 16 %) ; c'est la plus forte de la
Corse.

Col de Sevi : on découvre la vallée du Porto et le golfe de Porto qui est
le plus beau de l'île.

Evisa [90 km. 5] (voir page 11).

Excursions au Belvédère, à la cascade et au joli site du moulin d'Altone.
Parcours pittoresque dans la traversée des forêts qui précèdent le « Niolo ».

Itinéraire 10.

EVISA - CALVI..................... .... 103 km. 5

Evisa. F 9.

Col de Capicciolo : on découvre la Spelunca ; vue magnifique sur les gorges du Porto et le golfe de Porto. **5 km. après, prendre à droite IC 24.**

Ponts de la Spelunca, jetés sur le gouffre de la Spelunca.

Ota [19 km.], au pied de la masse rose et rouge du Capo d'Ota ; de l'autre côté du ravin se dressent les falaises grises du Capo d'Orto ; vue superbe sur le golfe de Porto.

Porto [23 km. 5], le golfe est le plus beau de l'île. Tour génoise curieusement bâtie sur un promontoire rocheux.

Col de la Croix : beau panorama s'étendant sur le golfe de Porto et le golfe de Girolata.

Col de Palmarella [57 km.] : vue, puis parcours intéressant en corniche. A droite s'élève la masse rouge du Capo Rosso.

Bocca Bassa, vue sur le village et le golfe de Galeria.

Calvi [103 km. 5] (C) (Alt. 81 m.), 2.586 h. ⚋ **Voir :** Église St-Jean XVIᵉ s. ; la Citadelle ; le Christ en ivoire (s'adresser à l'Archiprêtre de la Haute-Ville) ; plage de sable fin avec forêt de pins. ⚋ **Exc. :** S.O. : la Madona della Serra, 4 km. ; promenades en mer.

🏨 de Calvi, (75 ch) Asc 🖼 🛎 75 🍴 30 ⌁ (wc) Gar ⑧ ⊤ Corsotel ⴲ.
⚓ Christophe Colomb, Rem int ③.

Itinéraire 11.

CALVI-L'ILE ROUSSE, par la route directe.......... **24 km.**

11 A. — avec excursion dans la Balagne............ **103 km. 5**

Calvi. N 197 qui permet de gagner directement l'Ile Rousse par Lumio, bâti en amphithéâtre, et Algajola, ancienne ville fortifiée à demi ruinée.

L'Ile Rousse [24 km. (C). 2.024 h.

🏨 du Château et de la Poste, (35 ch) 🛎 35 🍴 Gar ⑩.
STOCK MICHELIN **Giudicelli,** *place Delauney,* ⑥.
🚗 Noël Graziani, *pl. Paoli,* ⑥ ⴲ 5.

Du phare, bâti à l'extrémité d'une presqu'île entourée d'îlots de granit rouge, vue.

A

EXCURSION EN BALAGNE.

Pont sur la Ficarella. Peu après, prendre à droite IC 11.

Calenzana [12 km. 5] (C), (Alt. 300 m.), 2.642 h. — 🚉 Station de Calenzana-Lumio 8. ⚋ **Voir :** Église pisane de St-Blaise ; cimetière des Allemands, vue sur le golfe de Calvi.

⚓ Caroli (wc) Rem att ⅃.

Santa Restituta, chapelle d'origine pisane, lieu de pèlerinage.

Montemaggiore ; peu après, du col de Salvi, vue sur le golfe de Calvi, la plaine de Calenzana et les montagnes environnantes.

San Cesareo [30 km. 5], dans une situation pittoresque, au croisement de la N 197, d'où l'on voit à droite la vallée fertile du Regino, jardin de la Corse, et à gauche, la vallée d'Aregno et la mer ; **prendre à gauche la N 197** qui passe devant le Capo d'Occi, surmonté des ruines du village d'Occi.

l'Ile Rousse [52 km.] fondée par Paoli au XVIIIe siècle. **Route de Saint-Florent, puis après le pont sur le Regino, F 3.**

Belgodère [67 km.]. **Voir :** à la sortie vers Corte le couvent de Serviti. ═ **Exc. :** S. : Forêt de Tartagine, 38,5. Sortir de Belgodère par la route de Corte et 2 km. après prendre à droite la F 3. qui mène à la magnifique et sauvage forêt de Tartagine par **Olmi Cappella** (C) (Alt. 848 m.), 817 h. — ▨ Palesca 22.

⚓ des Touristes, *sur la route forestière*, Rem 40 m 2.

7 km. 5 après Belgodère, prendre à gauche l'IC 12.

Speloncato, église Ste-Marie, XVIe siècle ; ruines de thermes romains que dominent les vestiges d'un château moyenâgeux.

Faire demi-tour et reprendre à gauche la N 197.

Feliceto : vue sur la vallée du Regino et la mer.

Muro [87 km. 5]. (C), (Alt. 300 m.), 906 h. — ▨ le Regino 10. ═ **Voir :** Campanile ; Maisons à arcades.

⚓ Campi (wc).

Avapessa, bâti sur une colline à droite de la route, clocher carré.

Aregno, intéressante église pisane. **Après 3 km. se détache, à droite**, une route vers les ruines d'un couvent dominicain; de là, des sentiers muletiers permettent d'atteindre, en 30 m., le mont San Angelo (564 m.) ; très belle vue sur la côte N.O. de la Corse, par temps clair on aperçoit les Alpes-Maritimes.

Corbara, curieux village au caractère africain.

L'Ile Rousse [103 km. 5].

Itinéraire 12.

L'ILE ROUSSE - BASTIA par le Cap Corse............ 156 km.

Route intéressante, notamment par le contraste marqué entre les deux rivages du cap Corse : la côte occidentale. très pittoresque, très découpée, aux villages bâtis sur des rochers escarpés ; la côte orientale, sans grand intérêt, presque rectiligne, abritant de paisibles « marines » dont les maisons s'avancent dans la mer.

Des tours d'origine génoises jalonnent le littoral. Elles servaient aux guetteurs chargés de signaler l'approche des pirates barbaresques.

L'Ile Rousse. La route traverse d'abord la Balagne, riche région de vignes et d'oliviers, puis, en s'écartant de la mer, s'engage dans le désert des Agriates, vaste chaos de rochers. Trajet assez pittoresque au cours duquel on n'aperçoit que quelques maisons cantonnières et, çà et là, quelques groupes de bergeries.

Col de Lavezzo : dominé par le mont Lavezzo. Très belle vue : au N.E., sur la côte rocheuse du cap Corse ; à l'E., sur les Agriates et le golfe de St-Florent; au S.E., sur le Nebbio ; à l'O., sur la Balagne.

Saint-Florent [46 km.] (C), 1.011 h. — ▨ Bastia 23. Cette localité est située au fond d'un golfe dont Napoléon et Nelson ont reconnu l'importance militaire. ═ **Voir :** les ruines de Nebbio (cathédrale romane XIIe s. dans laquelle se trouvent un Christ noir et la momie de St-Florent).

⚓ des Voyageurs.

La route passe ensuite dans le « Val des Anglais », petit défilé entre des escarpements de plus de 200 m. de hauteur.

Col de San Bernardino [51 km.].

Nonza [65 km. 5] (C), (Alt. 152 m.), 451 h. — ▨ Bastia 32,5.

⚓ du Touring-Club.

Bâtie dans une situation très pittoresque, Nonza est dominée par une tour à demi ruinée, qui joua un rôle important dans la lutte que les Corses soutinrent pour leur indépendance, en 1768, contre les Génois.

Pino [9] km.] (Alt. 145 m.), 329 h. — ▨ Bastia 44. — [×] ⚐ Luri 11,5. ═ **Voir :** Couvent (statue de la Vierge, sculptures, tableaux).

⚓ Ceselli.

A droite la D 6 conduit au col de Santa Lucia et à la tour de Sénèque (ascension assez difficile), d'où la vue s'étend, par temps clair, jusqu'aux côtes de France et d'Italie. Cette route rejoint la côte orientale par la riche vallée de **Luri** (C), (Alt. 112 m.), 1.507 h. — Bastia 33,5. — du Nord, *hameau de Piazza* (wc) Rem att 4.

Col de Serra : de là, et surtout du Moulin Franceschi (5 minutes à pied), la vue embrasse une grande partie de la Corse (notamment le massif du Cinto) et les îles d'Elbe et de Capraja.

6 km. 5 après, abandonner la N 198 qui conduirait directement à Macinaggio et **prendre à droite** un chemin qui permet de visiter un des coins les plus séduisants du cap Corse, la vallée de **Rogliano** (C) (Alt. 270 m.), 1.191 h. — Bastia 44. — Zerbi, Rem 30 m 5.

Olivo, hameau du canton de Rogliano d'où l'on a une vue splendide sur toute la région. **Rejoindre ensuite la N 198** à Macinaggio.

Marine de Pietracorbara. 3 km. après le village on passe devant le couvent de Sta Catterina (chapelle de style byzantin renfermant une crypte très ancienne).

Erbalunga, dominé par une tour génoise. A droite un sentier pittoresque conduit à la grotte de Brando (stalactites).

La Vasina, église Notre-Dame, lieu de pèlerinage annuel très célèbre.

① **du plan** ci-dessous,

BASTIA [156 km.] (SP) (Alt. 15 m., 71 m. à la citadelle), 36.376 h. = *Taxe séj. 0,10 à 1 fr. 50.* = **Voir :** Statue de Napoléon Ier (A) ; Égl. de l'Immaculée-Conception XVIIe s. (B) ; Égl. St-Jean-Baptiste XVIIe s. ★ (D) ; Égl. St-Roch XVIIe s. — Citadelle XIVe s. ; Égl. Ste-Marie XIVe s. (E) ; Égl. Ste-Croix XVIIe s. (F). = **Env. :** Égl. Sta-Lucia (vue ★) *(30 min.).* = **Exc. :** St-Florent *par le col de Teghime* 23 III. = **Spécialités :** vin du cap Corse ; cédrats confits ; pâtés de merles *(déc.-mars).* = Syndicat d'Initiative de Bastia, *33, boulevard Paoli.*

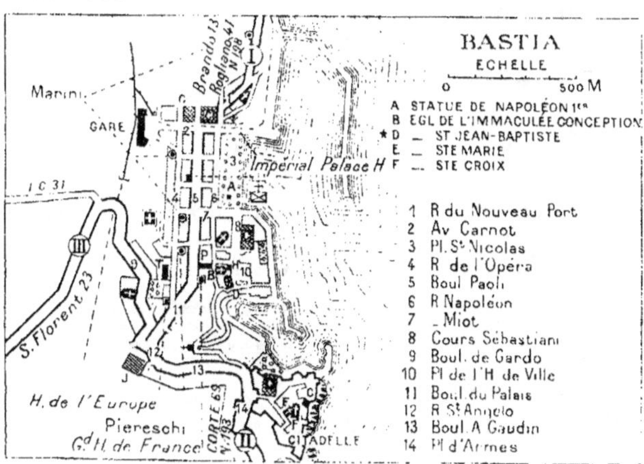

Impérial Palace-Hôtel. *pl. St-Nicolas* (60 ch) Asc cc 70 12 (wc) Impérial, 0.13.

de France, *12. boul. du Palais* (50 ch) 30 1 (wc) Rem int 6 1.08.

de l'Europe, *3, av. de l'Opéra (1er-mai-1er nov.)* (14 ch) (wc) Rem 200 m 2 58.

STOCK MICHELIN **D. Piereschi,** *10, r. de l'Opéra (AIK)* 20 68.
STOCK MICHELIN **L. Marini,** *35, boul. Paoli et 18. r. de l'Opéra.* Fiat, Ford, 20 0.23.
Luccantoni, *33, boul. Paoli.* Delaunay. 48.
— G. Bianconi, *1, boul. Toga,* 12 1.17.
— P. Luciani, *12, r. de l'Opéra,* 5 25.
— De Cipriani, Ateliers Corsica, Bastia-Toga, 40.
— Mme veuve Doriat et Cie, *23, r. de l'Opéra.* Renault, 20 1.11 et 10.
— Agostini frères, *48, boul. Paoli.* Citroen, Peugeot, Unic. 40 0.94.

Itinéraire 13.

EXCURSION AUX ENVIRONS DE BASTIA .... **84 km.**

⑩ du plan de Bastia (p. 15) **N 199.**

Col de Teghime : très belle vue sur les deux rivages du cap Corse et les îles d'Elbe, de Monte-Cristo et de Capraja. L'ascension (à pied) du Serra di Pigno se fait en deux heures (aller et retour) ; admirable tour d'horizon. **Prendre à gauche l'IC 38** vers

Oletta [19 km.], perchée sur une hauteur d'où l'on découvre tout le Nebbio.

Olmeta di Tuda, village pittoresque entouré d'ormes magnifiques.

Col de San Stefano [23 km.], très belle vue sur la «conque d'or» du Nebbio et le massif de Tenda. On peut se rendre par l'IC 5 à la chapelle de St-Michel, « la plus élégante et la plus jolie de la Corse » (Prosper Mérimée), et au village de **Murato,** patrie de Fieschi, constructeur de la « machine infernale » utilisée par lui lors de l'attentat contre Louis-Philippe.

Prendre à droite la D 7 vers

San Pietro di Tenda [39 km. 5], dolmen de l'ogre et de l'ogresse. Beaucoup d'œil, à droite, sur la vallée de l'Aliso. **Prendre à droite la N 199 puis la D 5** jusqu'au col de San Stefano.

Col de San Stefano [66 km.], on pénètre dans le défilé de Lancone, étroit et sombre couloir rocheux. A la sortie, vues sur la côte et la mer de Toscane. Au maquis succèdent des terres cultivées.

A 9 km. du col, **prendre à gauche la N 193.**

⑪ du plan, page 15.

BASTIA [84 km.].

Itinéraire 14.

BASTIA - CORTE par la route directe .... **70 km.**

14 A. — **par la vallée du Fium-Alto** .... **108 km.**
14 B. — **par Cervione et Valle d'Alesani** .... **138 km.**

Les itinéraires *a* et *b* traversent la Castagniccia, région de riches châtaigneraies, qui servit de grenier et de centre de résistance aux patriotes corses, durant les luttes séculaires qu'ils soutinrent contre les Génois. **L'itinéraire b est le plus intéressant.**

⑪ du plan de Bastia, page 15.

N 193 le long du vaste et insalubre étang de Biguglia.

Casamozza [20 km.] (*comm. de Lucciana*). — Pas de 🕭. = **Exc. :** à l'E., à 6 km., la Canonica (ruines de l'ancienne cathédrale de Mariana, XII⁰ s.). ⚓ Buffet de la gare.

On pourrait gagner directement Ponte Leccia **par la N 193** qui contourne les promontoires de la rive gauche du Golo et passe à Ponte Nuovo qui fut témoin de la dernière résistance des Corses en 1769.

> **A**   Iᴛɪɴᴇ́ʀᴀɪʀᴇ ᴘᴀʀ ʟᴀ ᴠᴀʟʟᴇ́ᴇ ᴅᴜ Fɪᴜᴍ Aʟᴛᴏ.
>
> **Casamozza, N 198. 2 km. 5 après, à droite, se détache la D 9** vers
>
>   **Vescovato,** (C.) (Alt. 167 m.), 1.688 h. — 🚌 Arena-Vescovato 4. = Voir : Église (tabernacle). — ⚓ de la Paix.
>
>   Folelli [31 km.]. **Prendre à droite la D 4,** le long du Fium Alto dont les eaux sont parfois teintées en rouge par des sources ferrugineuses. A droite, la source de Caldane. Peu avant Stazzona se détache à gauche une route conduisant à la station thermale d'Orezza (1 km.).

Piedicroce d'Orezza [54 km. 5] (C) (Alt. 636 m.), 528 h. — 🚌 Folelli-
Orezza 23,5 ou Ponte Leccia 29,5.

🏠 Filipi, (10 ch) Rem att ⊠ ℗ 2.

🏠 de France, *Grande Place*, Abri att ⫍.

Centre d'excursions ; point de départ de l'ascension du San Pietro. 1 km.
après, à droite, couvent d'Orezza qui servait de lieu de réunion aux
chefs insurgés corses.

Campana, fontaine donnant une eau d'une fraîcheur et d'une saveur renom-
mées. 2 km. plus loin, à droite, une route mène à **La Porta** (église,
campanile de 5 étages, XVIIIe siècle).

Col de Prato : vue étendue sur les vastes forêts de la Castagniccia et la
mer de Toscane ; le col est dominé par le San Pietro d'Accia, au sommet,
ruines d'une chapelle.

Morosaglia [70 km.] (C) (Alt. 800 m.), 892 h. — 🚌 Ponte Leccia 14.
= **Voir :** Maison natale du célèbre patriote corse Paoli.

🍴 Paoli, Abri ⊠.

Ponte Leccia [84 km.] (*comm. de Morosaglia*) (Alt. 195 m.). — ↗ Omessa
12. — Pas de ℗.

🍴 des Voyageurs, cour att ⊠.

B   Iᴛɪɴᴇ́ʀᴀɪʀᴇ ᴘᴀʀ Cᴇʀᴠɪᴏɴᴇ.

Casamozza. N 198.

Padulella [39 km. 5]. **Abandonner la N 198** qui, par Prunete-Cervione, très
belle plage, permettrait de gagner Cervione, et **prendre à droite l'IC 6**
plus pittoresque.

San Nicolao [44 km. 5]. très beau parcours en corniche, cascade et passage
sous tunnel ; vue sur les îles d'Elbe, de Capraja et les côtes d'Italie.

Cervione [49 km.] (C) (Alt. 326 m.), 1.785 h. — 🚌 Prunete-Cervione 6.
🍴 des Voyageurs.

De cette localité, bâtie en amphithéâtre, la vue s'étend sur la
plage d'Aleria. Voir aux environs (excursions à pied) la chapelle de la
Madone et l'église de Santa Christina.

Castagneto. Peu après se détache, à gauche, un chemin menant à la
station thermale de Pardina.

Col d'Arcarotta, dominé au S.O. par la pointe de Caldane ; belle vue
sur la Castagniccia.

Carcheto, église.

Pont de Carcheto : vue sur le ravin supérieur du Fium Alto et ses
cascades. Peu après, à droite, superbe cascade.

Piedicroce d'Orezza [84 km. 5]. **Voir itinéraire 14 A.**

Ponte Leccia [46 km.] (*comm. de Morosaglia*) (Alt. 195 m.). — ↗ Omessa 12.
— Pas de ℗.
🍴 des Voyageurs, cour att ⊠.

5 km. après, laisser à gauche l'IC 39 vers **San Lorenzo** (C) (Alt.
700 m.), 518 h., 169 agg. — 🚌 Ponte Leccia 20. · 🍴 Filippi.

Francardo.

Caporalino [56 km.], **à gauche** une route mène à **Omessa** (C) (Alt.
400 m.), 787 h. — 🚌 Francardo 5. = **Voir :** Église (tableaux remarquables).
— 🍴 Verdoni, Gar 50 m ᵍ].

Col de San Quilico. Peu après on aperçoit la citadelle de Corte,
bâtie au sommet d'un rocher escarpé.

① **du plan,** page 9.

CORTE [70 km.].

Itinéraire 15.

CORTE - VIZZAVONE - AJACCIO par l'Inzecca.....   153 km. 5

Des charrois de bois s'effectuent pendant les mois de juin, juillet et août, à travers le défilé de l'Inzecca. En raison de l'impossibilité de les croiser, nous conseillons aux touristes de ne pas s'engager dans ce défilé avant 8 heures du matin.

⊞ **du plan de Corte,** page 9.

Santo Pietro-di-Venaco, sur la droite, Stat. est. : carrière de porphyre.

On contourne le château moderne de Pozzo-di-Borgo qui domine le bassin du Vecchio.

Col de Bellegranajo : vue superbe.

Venaco [12 km. 5] (C) (Alt. 565 m.), 1.555 h.

⚘ Rognoni (wc) Cour.

Vecchio, pont en pierre d'une seule arche sur la rivière ; au-dessus, à près de 100 m. de hauteur, la voie ferrée passe sur un viaduc impressionnant.

Vivario [22 km.] (Alt. 622 m.), 1.024 h. Stat. est. = **Voir :** Curieuse fontaine surmontée d'une Diane chasseresse ; Église (vue ★).

⚘ des Voyageurs (wc) Rem att ⵣ.

Prendre à gauche la F 6.

Muracciole : vue à gauche sur la région que l'on vient de traverser.

Fontaine de Padula, au milieu de magnifiques pins laricios.

Vezzani [35 km. 5], stat. est. ; mines de cuivre.

Pietroso, suivre la vallée du Tagnone jusqu'à l'embranchement du chemin menant aux bains de Puzzichello. **Tourner à droite puis prendre la F 10.** A gauche se dressent les escarpements de la pointe del Giargione. On aperçoit les grands rochers de l'Inzecca.

Auberge de Pinzalone, la route pénètre dans le défilé de l'Inzecca, impressionnant parcours en corniche, passages étroits et tournants rapprochés, parfois sans parapet. A hauteur de Sampolo, situé sur l'autre rive, vue en arrière sur la mer Tyrrhénienne. Un peu plus loin, à gauche, les rochers « Kyrie Eleïson » et « Christe Eleïson ».

Ghisoni [77 km. 5] (C) (Alt. 658 m.), 1.585 h. — ⛪ Vivario 19.

Beau coup d'œil sur les escarpements qui dominent le village. De leur sommet, au lever du soleil, panorama superbe. **Prendre à droite la N 194.**

Col de Sorba : panorama très étendu.

Col de la Serra ; tourner à gauche dans la N 193. On entre bientôt dans la magnifique forêt de Vizzavone.

Vizzavone [102 km.] (*comm. de Vivario*) (Alt. 1.200 m.). Stat. est. « Foce de Vizzavone ».

⌂ Grand Hôtel, *près la gare (mars-nov.)* ⚲ ↦ (wc) Abri int ⵣ.

⌂ de la Forêt, ⚙ ⚲ ↦ (wc) ⷮ 4.

Col de Vizzavone, dominé par un vieux fort génois. Point de départ de l'ascension du mont d'Oro.

Bocognano [114 km.] (C) (Alt. 640 m.), 1.612 h. Stat. est. = **Exc. :** Le « Voile de la Mariée », cascade (*30 min. à pied*) ; La « Richinsa », gorges impressionnantes d'un affluent de la Gravone formant de véritables cañons (*aller et retour 2 h. à pied*).

⚘ de l'Univers (wc), Abri.

Village dont les environs rappellent le souvenir du jeune Bonaparte luttant contre Paoli ; celui des frères Bonelli, dits « Bellacoscia », bandits corses qui tinrent le maquis pendant plus de quarante ans, et enfin, celui de la « Colomba » de Mérimée.

⊢ **du plan,** page 5.

AJACCIO [153 km. 5].

Itinéraire 16.

AJACCIO - ZICAVO - AJACCIO par le col d'Aja, le col de Celaccia et Petreto... **162 km.**

① **du plan d'Ajaccio**, page 5. **(Voir itinéraire n° 8 jusqu'au col de Bellevalle.)**

Col d'Aja [26 km. 5], continuer dans la D 8.

Pila Canale, vue sur la vallée du Taravo.

Sollacaro, ancienne résidence des seigneurs d'Istria. Ruines d'un château du XVe s.

Col de Cellacia [54 km.], beau panorama: au N.E., la haute vallée du Taravo jusqu'au col de Verde ; au S., le golfe de Valinco et la Sardaigne.

Petreto Bicchisano [64 km.] (C) (Alt. 412 m.), 1.607 h. — 🚂 Ajaccio 49.
🛏 de France ou Scaglia (wc) Cour att ⑤.

Prendre à droite la F 5.

Argiusta-Moriccio, à droite les rochers de la pointe de Cavalelli. La route qui suit le Taravo traverse ensuite des ravins pittoresques.

Bains de Guitera [93 km.] (*comm. de Guitera*) (Alt. 438 m.), Stat. therm. — 🚂 Ajaccio 55. — ✉ Guitera 4. — ☎ Zicavo 7. — Pas de 📮.
🛏 Lanfranchi (*1er juin-15 oct.*), 🚗 Rem att ⑨.

A gauche sur une colline le village de Guitera.

Zicavo [100 km.] (C) (Alt. 727 m.), 1.568 h. — 🚂 Ajaccio 62.
🛏 de la Poste.

Point de départ de nombreuses excursions, notamment de l'ascension de l'Incudine.

Bains de Guitera. Prendre à droite la D 2.

Corrano, très jolis sites.

Col de Granace : beau panorama.

Sta-Maria-Siché [127 km. 5] (C) (Alt. 515 m.), 800 h. — 🚂 Ajaccio 34.
🛏 Continental.

Berceau de la famille d'Ornano, illustrée par trois maréchaux de France. Ruines du château de Sampiero, XVIe s.

Col de San Giorgio : vues sur la vallée du Taravo, les golfes d'Ajaccio et de Valinco.

Cauro [141 km. 5], lieu de villégiature d'été des habitants d'Ajaccio.

Col de la Seghia : vue sur le golfe d'Ajaccio et les Sanguinaires.

① **du plan,** page 5.

AJACCIO [162 km.].

Itinéraire 17.

BONIFACIO-CORTE par la côte.................... **146 km.**
17 A. — par Zonza-Solenzara....................... **186 km.**

① **du plan de Bonifacio,** page 7. N 198.

Porto Vecchio [27 km.] (C), 4.743 h., 2.009 agg. — 🚂 Ghisonaccia 62.
= Voir : Anciennes fortifications (vue ★). **= Exc. :** S.E.: Pta al Cerchio (325 m.), vue (*1 h. 30 à pied*).
🛏 Nouvel Hôtel de France.
🚗 G. Mela, CITROEN, ⑧.
— Les Fils de Jean Culioli, ⑥ 📮 6.

<table>
<tr><td>A</td><td> PAR ZONZA-SOLENZARA. </td></tr>
<tr><td colspan="2">Parcours souvent impossible l'hiver. (Voir itinéraire 3 et 3 A, page 7.)</td></tr>
</table>

Continuer dans N 198 qui traverse une belle forêt de chênes-lièges puis des maquis. Après le col de Parata, la route, en corniche, offre de jolies vues sur la mer.

Solenzara [67 km.] (*comm. de Sari-di-Porto-Vecchio*). — 🚂 Ghisonaccia 21. — Pas de ⚓.

⚓ des Messageries, cour 🍴.

Le petit port de Solenzara est protégé, par une forêt d'eucalyptus, des miasmes provenant de la plaine d'Aleria, que des marécages rendent inhabitable en été ; on va, pendant 33 km., traverser cette plaine.

Aleria [99 km.], 793 h. = Ancienne capitale de l'île avant sa destruction par les Sarrasins au IX⁰ s. = **Voir** : Ruines.

⚓ Rossi, *au fort d'Aleria*, Abri 50 m 🍴.

Cateraggio. Prendre à gauche N 200.

🏛 **du plan,** page 9.

CORTE [148 km.].

<h1 style="text-align:center">Itinéraire 18.</h1>

CALACUCCIA - BASTIA .... 75 km.

Calacuccia. A gauche, sur la hauteur, village de Corscia. On entre dans le défilé de la « Scala de Santa Regina ». Dans ce défilé était autrefois tracé l'unique chemin du Niolo, formé de marches taillées dans le roc, d'où le nom de « Scala ».

Ponte Leccia [29 km.] (*comm. de Morosaglia*) (Alt. 195 m.). — 🚂 Omessa 12. — Pas de ⚓.

⚓ des Voyageurs. Cour att. 🍴.

De ce point, si le temps est favorable, on peut passer par la Castagniccia (Piedricroce-Folelli) et rejoindre l'itinéraire à Casamozza.

Ponte Nuovo fut témoin de la dernière résistance des Corses en 1769. Route pittoresque sur les promontoires de la rive gauche du Golo.

Casamozza [55 km.] (*commune de Lucciana*). — Pas de ⚓. = **Exc.** : E. : La Canonica (ruines de l'ancienne cathédrale de Mariana, XII⁰ s.), 6.

⚓ Buffet de la Gare.

A gauche, sur une colline, village de Borgo.

🏛 **du plan,** page 15.

BASTIA [75 km.].

<h1 style="text-align:center">Itinéraire 19.</h1>

BASTIA - L'ILE ROUSSE par le cap Corse .... 156 km.

Route intéressante, notamment par le contraste marqué entre les deux rivages du cap Corse : la côte orientale, sans grand intérêt, abritant de paisibles « marines » dont les maisons s'avancent dans la mer ; la côte occidentale, très pittoresque, très découpée, aux villages bâtis sur des rochers escarpés.

Des tours d'origine génoise jalonnent le littoral. Elles servaient aux guetteurs chargés de signaler l'approche des pirates barbaresques.

🏛 **du plan de Bastia,** page 15.

La Vasina, église Notre-Dame, lieu de pèlerinage annuel très célèbre. Peu après, à gauche, un sentier pittoresque conduit à la grotte de Brando (stalactites).

Marine de Sisco. On passe devant le couvent de Sta-Catterina (chapelle
de style byzantin, renfermant une crypte très ancienne).

Macinaggio [38 km. 5], **3 km. après, abandonner la N 198 et prendre
à gauche** un chemin qui permet de visiter un des coins les plus séduisants du cap Corse, la vallée de **Rogliano** (C) (Alt. 270 m.), 1.191 h. —
🚉 Bastia 44. — ⚓ Zerbi. Rem 30 m ③.

Olivo, hameau du canton de Rogliano, d'où l'on a une vue splendide sur
toute la région.

Col de Serra : de là, et surtout du Moulin Franceschi (5 minutes à pied),
la vue embrasse une grande partie de la Corse (notamment le massif de
Cinto), les îles d'Elbe et de Capraja.

Mucchieta, la route taillée dans des rochers à pic offre à chaque détour
des vues pittoresques.

A gauche, D 6 vers le col de Santa Lucia et la tour de Sénèque (ascension
assez difficile) d'où la vue s'étend par temps clair jusqu'aux côtes de
France et d'Italie. Cette route rejoint la côte orientale par la riche vallée de
Luri (C) (Alt. 112 m.), 1.507 h. — 🚉 Bastia 33,5. — ⚓ du Nord, *hameau
de Piazza,* 🚽 (wc) Rem att ④.

Pino [65 km.] (Alt. 145 m.), 329 h. — 🚉 Bastia 44. — ⊠ ☞ Luri 11,5.
= **Voir :** Couvent (statue de la Vierge, sculptures, tableaux).
⚓ Ceselli.

Nonza [90 km. 5] (C) (Alt. 152 m.), 451 h. — 🚉 Bastia 32,5. — Pas de ☞.
⚓ du Touring-Club.

Bâtie dans une situation très pittoresque, Nonza est dominée par une tour à
demi ruinée qui joua un rôle important dans la lutte que les Corses soutinrent pour leur indépendance contre les Génois en 1768. Ruines d'un couvent
d'où l'on jouit d'une jolie vue sur le golfe de St-Florent.

Saint-Florent [110 km.] (C), 1.011 h. — 🚉 Bastia 23.
⚓ des Voyageurs.

Située au fond d'un golfe dont Napoléon et Nelson ont reconnu l'importance
militaire. Voir les ruines de Nebbio (cathédrale romane XIIᵉ s., dans laquelle
se trouvent un Christ noir et la momie de St-Florent).

Traversée du Désert des Agriates, vaste chaos de rochers. Au cours de ce
trajet assez pittoresque on n'aperçoit que quelques maisons cantonnières
et, çà et là, des groupes de bergeries.

Col de Lavezzo, dominé par le mont Lavezzo. Très belle vue : au
N. E., sur la côte rocheuse du cap Corse ; à l'E., sur les Agriates et le
golfe de St-Florent ; au S.E., sur le Nebbio ; à l'O., sur la Balagne.

L'Ile Rousse [156 km.] **(Voir itinéraire 11, page 13.)**

Itinéraire 20.

L'ILE ROUSSE - EVISA......................... **127 km. 5**

Algajola, ancienne ville fortifiée à demi ruinée.

Lumio, bâtie en amphithéâtre. Vue sur Calvi, son golfe et la plaine de
Calenzana.

Calvi [24 km.] **(Voir itinéraire 10, page 13.)**

Bocca Bassa : vue sur le golfe et le village de Galeria.

Col de Palmarella, la route passe dans la forêt de Tetti que domine
la masse rouge du Capo Rosso.

Col de la Croix : belle vue sur les golfes de Girolata et de Porto; ce
dernier est le plus beau de l'île.

Porto [104 km.]. **Prendre l'IC 24.**

Ota, au pied de la masse rose et rouge du Capo d'Ota ; de l'autre côté du ravin se dressent les falaises grises du Capo d'Orto ; vue superbe sur le golfe de Porto.

Ponts de la Spelunca, jetés sur le gouffre de la Spelunca.

Evisa [127 km. 5] **(Voir itinéraire 6, page 11.)**

Itinéraire 21.

AJACCIO - VIZZAVONE - AJACCIO.................. **103 km.**

Excursion souvent limitée en hiver par l'impraticabilité du col de Vizzavone. **(Voir itinéraire 15, page 18.)**

Itinéraire 22.

AJACCIO - EVISA .... **103 km.**

Itinéraire permettant la traversée des « Calanche » qui doivent être vues vers onze heures.

Ɖ **du plan d'Ajaccio, page 5. Prendre ensuite la D 1.**

Moulin Blanc (3 km. 5 d'Ajaccio), dominé par un imposant aqueduc. **4 km. après, à gauche,** se détache, bordée d'eucalyptus, une route qui conduit, par plusieurs virages difficiles à prendre, au château de la Punta, construit avec des matériaux provenant des Tuileries (bel ameublement ; de la terrasse, vue).

Col de Carbiniccia : on aperçoit le golfe et la ville de Sagone.

Col de Listincone, à droite, un VO sinueux conduit au curieux village d'Appietto. Panorama superbe.

Tour de Capigliolo, d'origine génoise.

Sagone [38 km. 5] *(comm. de Vico).* — 🚌 Ajaccio 38,5. — ✉ Vico 14. — Pas de ✝.

🏨 des Messageries. ⸱

Hameau bâti sur une côte malsaine, ses maisons sont les vestiges d'une importante ville du VIᵉ s. Statue ancienne.

Cargèse [52 km.] (Alt. 82 m.), 843 h. — 🚌 Ajaccio 52. ⸱ Située sur un promontoire. Cargèse fut fondée par une colonie grecque et a conservé une partie de son caractère hellénique, église grecque.

🏨 Cyrnos, Rem att ⸱.

Col de Lava : très belle vue sur le golfe et la tour de Porto, le chaos des « Calanche » et Piana.

Piana [71 km. 5] (C) (Alt. 435 m.), 1.123 h. Centre d'excursions. — 🚌 Ajaccio 71,5.

🏨 des Roches Rouges (65 ch) ⸱ (wc) Gar.

🏨 des Calanche et des Touristes, *r. du Pont.* ⸱ (wc) Abri att.

Peu après, la route pénètre dans les « Calanche » (dédale d'escarpements et de rochers, longueur : 1.800 m.). Très belles vues sur la mer. A la sortie du défilé, la route traverse le maquis puis domine les gorges du Porto, à droite s'élèvent les falaises grises du Capo d'Orto, à gauche, la masse rose et rouge du Capo d'Ota qui surplombe le village d'Ota. **L'IC 24, à gauche,** mène aux ponts jetés sur le gouffre de la Spelunca (2 km.).

Evisa [103 km.] **(Voir itinéraire 6, page 11.)**

Itinéraire 23.

EXCURSION AUX ILES SANGUINAIRES

Par voie de mer : départ d'Ajaccio, durée : *3 h. 30 par canot auto-mobile.*

Par voie de terre jusqu'à la tour de la Parata, 12 km., puis par mer, durée : *3 h. en barque (s'entendre la veille avec un patron pêcheur).*

Ajaccio, N 193.

Chapelle des Grecs, XVIIᵉ s., ainsi dénommée parce qu'elle servit à la colonie grecque qui s'établit ensuite à Cargèse.

La route, en corniche le long du golfe, longe pendant 2 km. la nécropole d'Ajaccio (mausolées construits en bordure de la route).

Tour de la Parata, ancienne tour génoise (XVIIᵉ s.), vue.

LISTE DES LOCALITÉS DÉCRITES

PRINCIPAUX COLS

NOTES